당신 없는 삶은
외롭다기보다

책을 시작하며

유난히 웃음도 많고 눈물도 많았던 내가
이 책을 쓰기까지 함께해 준 사람들과

찾아온 사랑에 온 마음을 다해 도전하고
넘어져도 멈추지 않고 행복하려 부단히 애쓰며

지쳐도 꿋꿋이 버텨내는
나와 같은 그대들에게

프롤로그

우리, 행복해져요.

사랑에 정답이 어디 있을까요.
마음 가는 대로 온전히 사랑하고
차오르는 기쁨을 조용히 바라봅니다.

행복에도 정해진 길은 없습니다.
수많은 우여곡절 끝에 만나게 된 작은 빛을
행복이라고 부르면 그만입니다.

비록 작은 경험에서 나온 글들이지만
지친 당신에게 작은 위로와 조언이 될 수 있다면
몇 번이고 지우고 다시 쓰려 합니다.

그리고 누군가의 진심이 저에게 그러했듯,
제 작은 진심도 그대 하루에
소소한 위로가 되기를 바랍니다.

2025년 5월 정민

우리가 함께할 때 기억해야 할 것

오래가는 관계를 유지하는 법	16
아플 땐 잠시 멈추더라도	17
시간을 가지자는 말의 의미	18
서운한 마음이 들 때 살펴야 할 것	20
편안한 감정을 권태감으로 착각하지 않기	21
그에게 나보다 더 투자하지 않기	23
올바른 연락의 텀은 어느 정도일까	24
나를 위한 말들	29
연애를 잘하는 사람의 특징	31
시절인연	32
말의 책임	33
상대의 말을 합리화하지 않기	34
좋아하는 것과 집착의 차이	35
이성적인 관계	36
마음가짐의 문제	37
시작은 가벼운 관계가 좋다	38
상대가 같은 실수를 반복할 때	39
한결같은 사랑	44
계속 만나야 할 사람인지	45
사랑은 늦어도 좋다	46
그렇게 힘들어한다고 달라지는 건 없다	47
의미 없는 만남은 없으니까	48

사랑한 만큼 아파하는 일

이별을 대하는 자세	52
떠오를 추억이겠지	54
내내 행복하기를	56
미련하게 사랑하기	58
이별을 받아들이기	59
다름이 이별의 이유가 될 수 있을까	61
흩어진 약속	62
내가 좋았으니 그만	63
이제야 알겠어	66
퍼 준다고 사랑이 아니다	67
늦은 후회	68
슬픈 예감	69
이별	70
나랑 그 애는	71
추억만으로도 충분히 아름답다	72
용기	73
그때의 너를, 아니 그때의 나를	74
다시 일어날 수 있었던 이유	77
안 되는 사랑	78
다짐	79
그때 그 여름	80
세상에 좋은 이별은 없다	81
두 얼굴	82
나의 작은 미련에게	83
계절 냄새	84
그리움	85
당신이라는 사랑은	86

우리는 언제나 사랑을 하고

당신이 사랑을 묻는다면 90
있는 그대로 사랑하기를 91
안개 위 도로 92
말보다 마음을 들어주는 사람 93
무엇보다 소중하다 94
오늘도 행복하지 않다는 당신에게 95
충분히 잘하고 있다 98
당신과 내가 어디에 있든 100
서툰 사랑은 없다 101
다시 쓰는 결말 102
안아주기를 104
소중한 사람들 106
다 잘될 것이다 107
아픔의 의미 108
다시 피어날 당신에게 110
모양이 조금 다른 사람 112
왜인지 모르게 당신과 113
고양이 같은 사람 116
빈자리를 채워줄 사람 117
꽃이 필 때 118
역시나 그렇듯 행복해질 것이다 119
시작 120

일단 나부터 돌보는 습관

고슴도치 딜레마	124
매력적인 사람의 세 가지 특징	126
선택의 기로에 서 있는 당신에게	130
어떤 인간관계는 말없이 정리된다	131
사람 보는 눈을 키우는 방법	132
내향적인 사람	134
맺고 끊는다는 것	136
자존감은 나를 비추는 거울이다	138
소중함에 대해	142
이루는 과정은 언제나 외롭다	143
속마음을 전부 내보이지 않기를	145
주제넘은 잣대	146
어쩌다 알게 된 우리	150
멀리해야 하는 사람	151
살면서 후회하는 일	152
남을 부러워 말고 스스로 부러움을 사는 사람	153
울어도 된다	155
외로움을 타인으로 달래지 말 것	156
누구나 똑같은 사람이다	160
남이 원하는 내가 아닌, 내가 원하는 나	162
내가 나를 챙기는 습관	163
곁에 두어야 할 사람	165
나의 가치는 남들이 아닌 내가 정하는 것	166
엄마라는 여자에게	170

Scene 1

우리가 함께할 때 기억해야 할 것

오래가는 관계를 유지하는 법

 관계는 적당한 무관심으로 자라난다. 사소한 일상을 모두 묻는 게 아니라 혼자서도 잘하겠지, 하는 믿음. 무작정 다가가는 게 아니라, 상대가 다가올 때 외면하지 않는 태도. 그거면 충분하다. 그 사람을 나의 방식대로 끌고 가는 게 아니라, 미처 보지 못하거나 생각하지 못했던 부분들을 비춰주는 배려. 적당한 거리와 속도로 자라나는 관계는 단단하다. 모든 관계에는 안전거리가 있는 법이다.

아플 땐 잠시 멈추더라도

 새로운 사람을 만날 때마다 상처를 받고 끝난다면, 누구를 만나든 같은 문제로 힘이 든다면 쉼표를 찍을 때다. 상대를 얼마나 사랑하는지와 별개로 내가 상처받으면서까지 이 관계를 이어가야 할까? 아파도 끊어내지 못하는 이유는 마음이 너무 커서 헤어지면 세상이 무너질 것 같기 때문이다. 슬픈 일이지만 이미 그런 관계라면 만나는 동안 점점 더 아플 것이다.

 우리는 사랑하면 그 사람을 위해 본능적으로 행동한다. 그러니 상처받기 전에, 혹은 그 상처가 배가 되기 전에 진짜 사랑을 하고 있는지 생각해 봐야 한다. 우리는 알고 있다. 사랑은 혼자 하는 게 아니라는걸. 더는 혼자 사랑하고 혼자 상처받고 아파하지 말자. 흘러가는 시간과 돈, 감정과 스스로를 깎아내린 자존감이 너무 아깝다. 이제라도 당신의 사랑에 보답할 줄 아는 사람을 만나자. 그게 건강한 사랑이다.

시간을 가지자는 말의 의미

"우리 시간을 갖자."

처음 이 말을 들었을 때 가슴이 내려앉았다. 한 대 얻어맞은 것처럼 머릿속이 하얘지고, 이성적인 판단이 어려워졌다. 그래서 좋게 대화할 기회를 놓쳐버렸다. 상대는 가볍게 꺼낸 말이 아니기에 왜냐고 묻는 말에 여러 이유를 댈 것이다. 마음이 예전 같지 않다거나, 혼자만의 시간을 가지고 싶다던가. 정답은 아니지만 경험상 시간을 가지자는 건 어느 정도 정해진 결론을 미루고 싶어서 하는 말일 확률이 높다.

연애 초기에는 상대에 대해 아는 게 별로 없고, 좋아하는 마음이 훨씬 크기 때문에 별문제가 되지 않겠지만, 시간이 지나 권태감이 찾아오거나 큰 문제가 생겼을 때 더 이상 감안하면서까지 관계를 이어갈 마음이 없을 수 있다. 물론 아직 사랑하는 감정과 혼자 있고 싶다는 이성이 충돌

하는 걸 수도 있다. 이런 상황에서는 어떻게 해야 할까? 떨어져 있다 보면 상대가 무엇을 할지 하루 종일 궁금해하고, 마음이 식을까 두려워 되돌릴 수 있는 관계조차 망치는 경우가 있다. 마음이 식은 쪽은 모른다.

그럼 더 좋아하는 쪽은 불만이 없는가? 아니다. 상대방을 영원히 못 보는 게 두려워 참는 것이다. 더 좋아한다는 이유로 모든 걸 참고 희생하면서까지 관계를 이어갈 필요가 없다. 당신은 사랑만 받아도 부족한 사람이다. 시간을 가지자는 말을 들었다면 마냥 상대방이 좋다는 이유만으로 붙잡을 게 아니라, 당신도 그 관계에 대해 다시 생각해 보면 어떨까. 상처받는 관계를 끝내고 이별을 받아들이는 단단함이 필요하다. 시간을 가지자는 말이 나온 이상, 그 관계는 예전 같지 못할 확률이 높으니까.

서운한 마음이 들 때 살펴야 할 것

 연애를 하다 보면 서운한 일이 생기기 마련이다. 당연한 일이다. 한때 만나던 사람에게 일과를 마치고 집에서 보내는 시간만큼은 나와 연락하는 데 집중해 주길 바랐다. 조금만 답장이 늦어져도 서운해했다. 하지만 서운함을 표현하기 전에 돌아보자. 상대가 개인적인 시간을 보낼 수 있는 여유를 충분히 주었는지, 실제로 연락을 주고받을 수 있는 상황인지 말이다.

 상대방이 나의 기준이나 방식과 다르다고 해서 몰아붙이거나 집착한 건 아닐까. 대개 서운함을 느끼는 상황들을 짚어 보면, 내가 만들어 낸 감정일 확률이 높다. 객관적인 문제와 감정의 서운함을 구분하지 못해서 관계를 망칠 수도 있다. 누구를 만나든 이 부분을 확실히 하는 게 좋다. 감정의 원인을 타인에게서 찾기 전에 스스로를 먼저 돌아보면 어떨까.

편안한 감정을 권태감으로 착각하지 않기

 긴 연애를 하는 사람 중에 설렘이 없다며 권태감이 찾아왔거나, 사랑이 식었다고 생각해 이별을 선택하는 경우가 있다. 그러나 설렘은 서로를 잘 모를 때 드는 감정이며, 시간이 흐르고 신뢰가 쌓이면 자연스레 줄어든다. 무슨 행동을 할지, 무슨 말을 할지 모르는 예측 불가함이 설렘으로 이어졌던 것이다.

 이후에 쌓은 신뢰가 믿음으로 견고해지면서 설렘은 당연하게 줄어든다. 아무리 오래 만나도 예측이 되지 않는다면, 안정적인 연애라고 할 수 있을까. 편안함과 권태감은 다르다. 권태감은 관계를 유지할 노력과 의지를 잃었을 때 드는 무력감이고, 편안함은 안정적인 관계에서 오는 풍요다. 설렘보다 편안한 마음이 든다는 건 그만큼 사랑이 더 깊어졌다는 아주 좋은 신호다.

아마도 진정한 로맨스는

아름다운 우정이 자연스럽게

사랑으로 피어나는 것일지도 모른다.

루시 모드 몽고메리

에이번리의 앤

그에게 나보다 더 투자하지 않기

 내 능력이 되지 않음에도 불구하고 기념일이라는 이유로 고가의 선물을 무리하며 샀던 기억이 있다. 생각해 보면 그만큼 바보 같은 짓이 없다. 그 사람과 오랫동안 만날 생각이라면 더더욱 신중해야 한다.

 사랑의 본질은 물질과 관련이 없다. 고가의 선물을 한다고 해서 나를 오래 기억할지 묻는다면 그렇지 않다. 당신을 그 자체로 바라봐 주는 사람이라면 작은 꽃 한 송이에도 좋아할 것이다. 물질을 따지는 사람을 만나기엔 당신이 아깝다. 고가의 선물을 구매할 돈으로 나에게 투자하자. 오히려 나의 가치에 투자하는 방법이 더 현명하다.

올바른 연락의 텀은 어느 정도일까

 술자리에 가거나 놀러 나갔을 때 얼마큼의 텀을 두고 연락하는 게 좋을까? 물론 알아서 자주 연락하는 사람이라면 더 좋겠지만 사람마다 성향이 다 다르기 때문에 정답은 없다. 다만 사랑하는 사람에게 기대를 저버리지 않는 선은 지켜야 한다.

 술자리에 도착했다고 가정해 보자. 그럼 당신은 누구와 어디에 있다고 연락을 남길 것이다. 다음 연락은 언제가 좋을까? 나는 이후 '상황이 바뀌었을 때' 연락을 남기는 게 좋다고 생각한다. 밖에서 재밌게 놀고 있는 사람과 집에서 기다리는 사람의 시간은 매우 다르게 흘러갈 수 있다. 우리는 사람이기 때문에 기본적으로 이기적이지만 서로의 상황을 이해해 주고, 배려해 주기를 원한다. 최소한 자리를 옮기거나 상황이 달라질 때라도 연락을 남기는 게 좋다.

 "기다리고 있었을 텐데 연락 더 자주 못 해서 미안해."

관심과 배려는 사랑의 뿌리다. 기다릴지 모를 상대에게 최소한의 연락이라도 남겨 주자. 조금만 더 신경 쓰자. 사랑은 노력하는 만큼 깊어진다.

사랑한다면 행동으로 보여 주어야 한다.

윌리엄 셰익스피어
베로나의 두 신사

나를 위한 말들

 사람의 이타심은 때론 이기적이라는 생각이 든다. 사랑하는 사람이 힘들어하는 모습을 가만히 지켜보기만 할 수 있는 사람은 아마 없을 테니까. 나 역시 네가 나에게 기대주길 바라는 마음으로 응원과 위로를 건넸고, 그것이 너에게 진심으로 위로가 될 거라 믿었다. 하지만 돌이켜보니 그 말들은 온전히 너만을 위한 배려가 아니라, 네가 평온했던 일상으로 빨리 돌아와 주기를 바랐던 나의 욕심에 불과했다.

연애를 잘하는 사람의 특징

 온 마음을 다해 사랑했던 관계가 끝이 나고 생각했다. 연애를 잘한다는 건 뭘까? 2년, 3년 오래 만나는 게 잘하는 걸까? 최소한 연애를 잘하는 사람은 사랑을 주고받을 줄 아는 사람이며, 이별을 받아들이고 인정할 줄 아는 사람일 것이다. 사랑을 주고받는 건 잘해도 이별에서 오랜 시간 헤어나지 못하는 사람도 있다.

 반면, 연애를 잘하는 사람들은 이별을 인정할 줄 안다. 이별해도 오래 아쉬워하지 않는다. 그간의 추억들과 정 때문에 눈물을 훔칠 순 있어도 금방 일어난다. 만나는 시간 동안 최선을 다해 노력했기 때문에 후회하지 않는 것이다. 내가 주는 만큼 상대방도 같을 거라 기대하지 않고, 당연시하지 않았기 때문에 가능한 일이다. 받아들일 줄 아는 사람이 나아갈 수도 멈춰 설 수도 있다.

시절인연

時節因緣

굳이 애쓰지 않아도 만나게 될 인연은 만나게 되어 있고, 아무리 애를 써도 만나지 못할 인연은 만나지 못한다. 그러니 멀어진 인연에 원망하거나 자책하지 않았으면 좋겠다. 시절인연이라는 말 그대로 좋든 싫든 만나게 될 인연이 있고, 나를 챙길 여유조차 없이 노력해도 멀어질 인연이 있다. 너무 마음 쓰지 않았으면 좋겠다. 그저 그때의 모든 감정을 함께 느끼며 온 마음을 주고받았던 사람으로 남겨보자. 우리가 너무 서툴러서 헤어진다고 생각하기보다는 그저 이루어질 수 없는 시절의 연이라고 믿는 건 어떨까. 우리의 시절, 우리의 인연. 그때의 너와 내가 그립다.

말의 책임

잠에 들지 못할 만큼 설레곤 했다. 매번 '이 사람이 확실하다'고 생각했다. 약속의 무게 때문이었을까. 끝내 서로에게 상처만 남겼다. 같은 이별이라도 어떤 마음을 남겼는지는 천차만별이다.

끝을 맞이하고도 좋은 마음을 남겼던 사람은 어떤 사람인가. 별거 아닌 것 같지만 확실한 한 가지가 있다. 바로 말의 책임을 지는 사람이다. 좋든 싫든 뱉은 말에 책임을 지는 사람은 믿을 수 있었다. 무심코 뱉은 말이라도 지키려 노력하는 사람이 있다.

그런 모습을 볼 때 온 마음으로 사랑받는다고 느꼈다. 말로 인해 끝나는 관계도 있지만 다시 지어지는 관계도 있다. 사랑은 말의 책임으로 완성되기도 한다.

상대의 말을 합리화하지 않기

 누군가 이상형을 묻는다면 어느 정도 확실한 기준을 말할 것이다. 연애도 마찬가지다. 당신만의 분명하고 확실한 기준이 없다면 계속 끌려다닐 수 있다. 내가 그런 연애를 하면서 상처를 받았다. 우리 같은 사람들은 왜 그럴까? 사랑하는 사람이 "나 원래 이런 스타일이야", "나 원래 이러는 거 알잖아"라고 말하면 "그럴 수 있지", "이해할게"라며 스스로를 합리화한다. 상대가 나를 떠나지 않았으면 하는 마음 때문이다.

 좋아한다는 이유로 나를 잃고, 상대의 모든 걸 맞춰 주었다. 모르는 사람이 똑같이 행동한다면 "이 사람은 이 정도뿐인 사람이구나" 하고 멀어질 텐데 말이다. 그러니 이제라도 당신의 기준을 명확히 하고, 이용당하지 말자. 사랑이 갑과 을의 관계로 한정되는 건 마음 아픈 일이니까. 나만을 위한 기준이 나를 보호하는 울타리가 될 것이다.

좋아하는 것과 집착의 차이

 애정은 구속보다 자유 안에서 더 깊어진다. 아이러니하게도 누군가를 좋아할 때 집착하는 순간 한 발 멀어지게 된다. 그래서 애정과 집착을 구분해야 한다. 벚꽃을 좋아하지만 집착하지 않기에 꽃 구경을 하는 것이 즐겁고, 꽃이 지더라도 슬프지 않은 것처럼 좋아하는 사람을 대할 때도 마찬가지다. 누군가를 오롯이 소유할 수 없다는 사실을 받아들여야 한다. 상대를 존중하면서 멀어지고 가까워짐을 받아들일 때 내가 좋아하는 그 사람과 오랜 시간 함께할 수 있다.

이성적인 관계

이성적인 관계는 오점 하나 없는 완벽한 사람들 사이에서만 가능한 줄 알았다. 이제는 그게 완벽하진 않아도 서로의 다른 부분마저 너그러이 이해하고 배려하는 관계라는 걸 안다. 지금껏 상대와 맞지 않는 부분이 생기면 이별을 선택하거나, 상대방을 바꾸고, 내 틀에 맞추려고 했었다. 물론 맹목적인 배려만 했던 적도 있다. 하지만 나를 포기하는 사랑은 상처만 남을 뿐이었다. 이상적인 관계는 상대방을 그 사람 자체로 받아들이고, 서툴러도 노력하는 관계다.

마음가짐의 문제

 세상에는 노력과 무관한 일도 있다. 이를테면 태어난 가정의 재력이라던가, 시합을 치를 때 압도적인 체급 차이 같은 것들. 연애도 마찬가지다. 때로는 노력해도 뜻대로 되지 않는 게 연애다. 너무나 다른 두 사람이 만나서 연을 맺는 일이기 때문이다. 능력으로 바꿀 수 없는 운명이라면 마음가짐을 바꿔 보는 게 어떨까. 매번 상처받기에 우리는 너무 소중한 존재니까.

 바꿀 수 없는 일에 아쉬움을 남기지 말고, 지난 일에 미련을 가지지 말고, 내가 선택한 모든 순간에 후회하지 않는 삶. 상처받는 것에 익숙한 사람이 아니라 상처받는 것에 서투른 사람이 되고 싶다. 상처를 받았을 때 당연하다는 듯 익숙해하기보다는 처음이라는 듯 슬퍼할 수 있게. 가장 먼저 나를 사랑하는 사람이 되는 거다. 스스로에게 좋은 사람은 그런 상처라도 금방 딛고 일어날 수 있을 테니까.

시작은 가벼운 관계가 좋다

누군가를 만난 순간부터 엄청난 사랑에 빠지는 사람들이 있다. 보통 이런 경우 시간이 지날수록 사랑을 구애하고, 집착할 가능성이 높다. 지속적인 연락과 관심이 사랑의 전부는 아닌데도 말이다. 누군가를 알아갈 때 확실하게 선을 그으면서 맺고 끊음을 확실히 하는 게 좋다. 사랑은 처음부터 거대한 마음으로 솟아났다가 줄어드는 게 아니라 상대방을 만나면서, 조금씩 생겨날 때 안전하다. 시작은 가벼운 마음으로. 서두르는 마음은 사랑의 불꽃을 타오르게 할 뿐, 오래 타게 하진 않는다. 그러니 스스로를 지키면서 차근차근 다가가는 것이다. 아무렇게나 만나라는 말이 아니라, 처음부터 관계에 모든 에너지를 쏟지 말자는 말이다. 끝까지 아름다운 관계는 그렇게 시작된다.

상대가 같은 실수를 반복할 때

 연인이든 부부든 상대방이 같은 실수를 반복해서 다툴 때가 있다. 한번은 상대에게 어디 가면 간다는 연락 정도는 보내줬으면 좋겠다고 말을 했다. 그러나 몸에 밴 습관은 한 번에 고쳐지지 않는다. 나를 사랑하긴 하는 건가? 고민할 정도로 오랫동안 고쳐지지 않았다. 투정도 부리고, 때론 회피하기도 했다.

 그런 상대에게 같은 말이라도 다르게 표현해 보자. "이렇게 하지 말랬잖아"가 아니라 "이렇게 하면 내가 많이 속상해"라고 이미 했던 말이라도 참고 기다려보자. 전자처럼 말을 하면 싸움으로 번지거나 미안하다는 사과를 받아야 끝이 나지 않던가? 후자처럼 감정을 전하되 오랜 시간이 지나서 한 번, 또 한 번. 그냥 똑같이 말하자. 그럼 상대방은 "알았어"라고 대답할 것이다.

 거듭 말하지 않고 시간을 주는 이유는 상대가 자신의 잘

못을 의식하고, 고칠 시간을 주기 위함이다. 스스로 깨닫고 문제를 개선할 시간과 기회가 필요하다. 처음부터 감정적으로 몰아붙이지 않고, 사과를 받아내려 해서는 안 된다. 우리의 목적은 지적이 아니라 개선이다. 자신의 행동으로 인해 상대가 힘들어한다는 사실을 충분히 알고도 고치지 않는다면 미련 없이 끝내는 게 낫다.

8년 하고도 반 년 전,
그때 당신이 거의 부쉬 놓았던 마음보다
더욱더 당신의 것이 된 마음을 가지고,
다시금 제 자신을 당신께 바칩니다.

제인 오스틴

설득

한결같은 사랑

 말로는 하늘의 별도 따다 주는 게 사랑이다. 평생 나만을 사랑하겠다는 말 같은 건 누구나 할 수 있다. 표현이 거창하다고 사랑이 깊은 건 아니다. 한결같이 어떤 모습이든 감싸안아 주고 곁을 지켜주는 게 사랑이다. 사랑은 듣는 게 아니라 보는 것이다. 시간이 지나 변해 버리는 사람이 아닌, 끝을 생각나지 않게 해주는 사람. 평온하고 안정적인 마음을 갖게 하는 사람이 좋다. 출렁이는 파도보다 호수같이 잔잔한 사랑이 좋다. 밤하늘의 달처럼 모습은 변하더라도 항상 당신 곁에 머무르며 길을 비춰 주는 그런 사람을 사랑하자.

계속 만나야 할 사람인지

유명 강연자 김창옥 교수는 한 강연에서 행동 전과 후에 느끼는 감정을 비교해 보라고 말했다. 아무리 좋은 것이라 하더라도 막상 시작하면 마냥 좋지 않을 수 있다는 것이다. 그럼 어떤 감정을 믿어야 할까.

당신이 술을 마신다고 가정해 보자. 술자리에 가는 게 좋은가, 반대로 마시고 난 후가 좋은가? 생각해 보면 술을 마시기 전에 좋은 감정을 느낀다. 운동을 예로 들면 운동을 하러 갈 때 기분이 좋은가, 아니면 운동이 끝나고 난 후에 기분이 좋은가? 운동은 끝나고도 좋은 것처럼 끝나고 나서도 좋다면 진짜 좋은 것이다.

사람을 만날 때도 똑같다. 사람을 만나는 과정만 좋은 게 아니라 헤어질 때도 좋은 사람이라면 계속 만나도 좋은 사람이다. 가기 전에는 설레더라도 만나고 나서 어떤 찝찝함이 남는다면 그 관계를 진지하게 돌아볼 필요가 있다.

사랑은 늦어도 좋다

 우리는 태어나 걷는 법과 말하는 법을 배우고, 사람들과 교류하면서 세상을 배운다. 연애를 하면서도 사랑이라는 감정을 배우는데 간혹 마음을 내줄 여유도 없이 바쁘게 살아왔거나, 관심이 없어 늦은 나이에 사랑을 시작할 수도 있다. 그런 사람들에게 사랑은 늦어도 좋다고 말하고 싶다. 충분한 마음의 여유가 생겼을 때 시작해도 늦지 않으니 조급해하지 않기를. 물론 만남과 이별을 반복하면서 성장하는 게 연애이기에 조금 서투를 수는 있지만 그때 가서 배우고 느껴도 충분하다. 그러니 서두르지 않아도 좋다. 당신이 기다려 온 만큼 좋은 사람과 행복할 거라 믿는다.

그렇게 힘들어한다고 달라지는 건 없다

 당신은 이미 알고 있을지도 모른다. 그렇게 힘들어하고 슬퍼해도 달라지는 건 없다는 사실을. 당신이 그렇게 힘들어할 때, 당신을 힘들게 한 사람은 밖에서 즐겁게 웃고 떠들 수도 있다. 어쩌면 당신과 만날 때보다 혼자인 지금이 더 편하다며 좋아할 수도 있다. 이런 사실을 알면서도 오래 힘들어하기엔 당신의 소중한 시간이 너무나 아깝다. 하루라도 빨리 털어내고 일어나 차라리 나를 가꾸는 건 어떨까. 그게 남는 장사다. 걱정은 우리 내면의 시간을 잠식할 뿐, 문제를 해결하지 못 한다.

의미 없는 만남은 없으니까

 머리로는 알지만 마음이 따라주지 않을 때가 있다. 이성적인 선택을 할 수 있었음에도 감정이 앞서곤 했다. 조금 더 나은 결말을 맞이할 수 있었음에도 서로의 마음에 상처를 입히곤 했다. 다름을 인정하기보다는 미워했다. 서로의 탓으로 돌리기에 바빴고, 그렇게 병들어갔다. 하지만 이별을 말하지 않았다. 이 모든 과정조차 사랑이라 생각했기에.

 하지만 감정에 의지한 채 사랑하며 서로 다투고 상처 주는 것이 잘못됐다고, 옳지 못하다고 단정 지을 수 있을까. 어떤 악의를 가지고 사랑한 것도 아닌데 말이다. 사랑하면서 상처를 주고받는 게 어쩌면 사랑하기에 일어난 일들인데 잘못이라고 할 수 있는 건지.

 모든 만남에는 배움이 있다. 나의 사랑도 그저 '상처'로 끝나지 않고, 지금의 나를 만들어 주었다. 그러니 한 번쯤은 마음 가는 대로 해 보는 것도 괜찮지 않을까? 크게 다

튀보기도, 서로가 미워 죽을 만큼 상처도 주고받고, 그렇게 돌아섰다 사랑하기를 반복해 보는 것도 경험이다. 이성적이라고 오래가는 것도, 감정적이라고 해서 금방 끝나는 것도 아니다. 때론 바보같이 미련하게 사랑하기를. 어떤 사랑이라도 분명 당신에게 의미와 큰 교훈을 남길 것이다. 세상에 의미 없는 만남은 없으니까.

Scene 2

사랑한 만큼 아파하는 일

이별을 대하는 자세

"헤어지자"라는 말을 들었을 때 결국은 "알겠어"라고 대답할 수 있는가?

연인에게 이별을 통보받았을 때 대처하는 방식에 따라 어떤 연애를 했는지, 내가 어떤 사람인지를 알 수 있다. 대부분이 이별을 쉽게 받아들이지 못한다. 사실 헤어질 때 상대를 놓아주는 건 그동안 사랑했던 사람에 대한 마지막 예의이자 배려다. 갑작스러운 이별 통보에 시간이 걸리더라도 결국 "알겠어"라고 대답할 수 있는 사람은 분명 매 순간 후회 없이 사랑했을 것이다. 물론 상대를 사랑한 만큼 자신을 사랑해야 가능한 일이다. 이런 여유를 가진 사람이라면 사랑하고 사랑받는 걸 잘할 수 있다. 만남에 진중하되 내 마음도 지키면서 사랑하자. 떠나겠다는 상대의 선택을 기꺼이 존중하고 받아들일 수 있을 때 지난 시간을 좋은 사랑으로 추억할 수 있을 것이다.

나는 이것이 진실이라 믿는다.

어떤 일이 일어나든;

가장 큰 슬픔에 잠길 때조차 느끼는 바;

사랑했다가 잃는 편이

한 번도 사랑하지 않았던 것보다 훨씬 낫다는 것을.

알프레드 테니슨,

A.H.H.를 기리며

떠오를 추억이겠지

 한때 소중했고, 사랑했고, 또 미워했던 얼굴들을 천천히 떠올려 본다. 나를 웃게 하고, 가슴 뛰게 했으며, 때로는 아프게 했던 사람들이 지금은 아득한 기억 저편에 머물러 있다. 다시 만나고 싶은 사람, 다시는 보고 싶지 않은 사람, 그저 가끔 안부나 묻는 사람으로 나누어질 뿐, 그 이상의 의미는 흐릿해졌다.

 삶이라는 물결에 휩쓸리듯 그저 하루하루를 보내면서, 고장 난 장난감처럼 하나둘 내 곁을 떠난 사람들의 빈자리를 물끄러미 바라본다. 언젠가는 영영 끝나지 않을 것 같던 아픔조차 시간이 흐르니 희미한 흔적으로만 남아 있다. 그때의 감정들이 온데간데없이 사라지고, 텅 빈 자리엔 담담한 추억만 자리 잡았다.

 모든 감정은 결국 흐려지나 보다. 오늘의 기억 또한 언젠가는 그렇게 옅어지겠지. 지금을 사는 우리는 그저 조용히 흘러가는 시간을 믿을 수밖에 없다. 그저 언젠가 또 하나의 추억으로, 가끔씩 떠오를 그날을 기다리면서.

내내 행복하기를

내가 나를 사랑하는 것보다 더 사랑했던 너를
일평생 너를 잊는 것만큼은 못 하겠다
가질 수 없는 사랑인 줄 알아서일까
나보다 행복하지는 않았으면 해

너는 웃을 때가 가장 예뻤지
그럼 내내 행복하기를

안녕히 가요, 나의 첫사랑이자 가장 아름다웠던 이여!

안녕히 가요, 나의 가장 소중하고 귀하디귀한 이여!

당신께 모든 기쁨과 귀한 보물이

평화와 즐거움, 사랑과 기쁨의 형태로 함께하기를!

로버트 번스,

다정한 입맞춤

미련하게 사랑하기

매번 후회해도 달라지는 건 없더라.
가슴 아프게 후회해도 지난 후엔 잊어버릴 텐데.
왜 그렇게까지 아파했을까.

찾아오는 사랑은 늘 새로운 모습일 테니
두려워하지 않고 미련하게 사랑하겠다.

이별을 받아들이기

 연인과 헤어진 후 이별에서 오랫동안 헤어 나오지 못했다. 이별을 받아들이지 못하겠다면 나보다 그 사람을 우선순위에 두고 사랑한 것이다. 나보다 그를 더 사랑했기에 빈자리를 참지 못한다. 물론 이별은 누구에게나 힘들다. 하지만 정도가 다른 이유는 분명 사랑하는 방법에 차이가 있기 때문이다.

 매일 수많은 사람과 연을 맺고 또 정리하며 살아간다. 어차피 지나가는 인연은 그냥 보내주면 어떨까. 그리워해도 좋고, 후회해도 좋다. 추억은 추억으로만 간직하자. 몇 번의 계절이 지나고 나면 언제 힘들었냐는 듯 괜찮아질 거라는 걸 알고 있으니까. 누구도 평생 내 곁에 있을 수 없다. 곁에 있는 그 순간에 최선을 다해 사랑했다면 그걸로 충분하다.

 작은 상처에도 아픈 사람이 있는 반면, 큰 상처도 대수

롭지 않게 넘기는 사람도 있듯이 그 사람과의 추억을 좋았던 기억으로 남겨 두자. 한때 사랑했던 흔적이다. 지금의 이별이 나를 더 단단한 사람으로 만들어 주고, 행복하게 할 거라고 믿는 것이다. 곁에 누가 있든지 내가 특별해지기 위해 노력하는 순간부터 삶은 조금씩 내 것이 된다. 언젠가 우연히 마주쳐 밝게 미소 지을 수 있기를. 그거면 충분하다.

다름이 이별의 이유가 될 수 있을까

계속 만나면 서로 미워하고 원망하게 될 거란 말, 사실 잘 모르겠다. 설령 그렇다 하더라도 지금 당신이 미운 건 아닌데, 당신이 원망스러울 때까지는 같이 있어도 되는 거 아닌가. 같은 속도나 크기가 아니라도 조금만 더 함께할 순 없는 걸까. 그저 다르다는 게 이별의 이유가 될 수 있을까. 아무래도 당신을 멀리하기는 힘들 것 같다.

흩어진 약속

"바다 보러 갈래."

기억하려나. 마주 보던 당신이 무심코 뱉은 말. 시계는 벌써 자정을 향해 가는데, 바다를 보러 가자던 너. 그래, 가자. 지긋이 뜬 눈을 쳐다보며 응했지. 중요한 일이 있다며 나중에 보자던 당신이 말도 없이 집 앞으로 찾아와준 날이었는데, 그 길로 우린 바다에 갔어. 하지만 그날 이후로 그 바다에 다시 갈 수 없었어. 오랜 시간이 지나 다시 오자던 그날의 약속을 당신은 기억할까. 달에 한 번 보기도 어려웠던 당신을. 그런 당신에게 꽃을 피우겠다던 오기였다. 그 마음이 얼마나 큰 어둠을 몰고 올지 모른 채. 소중했던 추억들 모두 어디로 흩어진 걸까.

내가 좋았으니 그만

오랜 시간이 걸려 비로소 알게 된 사실이 있다.
그저 내가 좋았으면 그것으로 충분하다는 것.

내 마음이 가는 대로 움직인 것이 참 오랜만이라서,
그 순간의 설렘만으로도 충분히 행복했다.

너와 나의 이야기도 딱 그만큼이면 되지 않을까.
더 이상 욕심내지 않고, 미련을 두지 않고,
내가 좋았으니 그것만으로 충분했다 말하면 되는 일.

이제야 알겠어

너를 보내고 모든 게 끝이라 생각했는데
네가 내 전부인 줄 알았는데
여기가 종점인 줄 알았는데

내려야 할 곳이 아니라 출발하는 곳이더라고
울고 웃고 매달리고 소리 지르고 밀치고 싸우고 껴안고
미치도록 사랑해 보니까
눈물이 다 마르고 나니까 알겠더라고

퍼 준다고 사랑이 아니다

 사랑을 줄 때 모든 걸 퍼 주게 되면 내가 준 만큼 돌려받을 거란 기대를 한다. 기대에 못 미치면 서운해지고, 서운함이 계속되면 관계에 균열이 생긴다. 그 사람에게 기대하고 서운해하기를 반복한다면 모든 걸 퍼 주고 있다는 증거일지도 모른다. 퍼 주지 않으면 떠날 거라는 불안함 때문일 수도 있다. 이렇게 해야 떠나지 않을 거라고 믿으니까. 내가 줄 수 있는 만큼만 사랑하자. 퍼 준다고 사랑 아니다.

늦은 후회

매일 서로를 어루만지는 말을 했더라면,
자라나던 마음이 썩지는 않았을 것이다.
끝내 주워 담지 못할 말들을 쏟아내고
썩어가는 뿌리를 뽑으려 발버둥 쳐봐도
이미 늦은 후였다.

슬픈 예감

처음 너와 눈을 맞췄을 때
알고 있었어

이상할 만큼 흔들렸던 마음에
우리의 결말이 해피엔딩은 아닐 거라고

알면서도 멈추지 못했어
슬픈 예감은 틀리지 않았고,

이별

잠시 머물다 떠나는 철새처럼
나에게 머물다 제 자리를 찾아간다고

열매를 맺고 지는 꽃처럼
언제인지 모를 다음을 기약하는 거라고

이별은 여전히 새로운 시작이니까
이 아픔이 끝은 아니라고

익숙해지지 않을 걸 알지만 일어나야겠지
이별은 매번 야박하다

나랑 그 애는

돌이켜보면 우리는
처음 만난 순간부터 너무 가까웠기에
무엇 하나 제대로 따져보지 않았다.

거절할 이유도 떠오르지 않아
발밑 그림자가 유독 짙었던 날들.

뜨겁게 시작한 만큼
무섭게 식어버리기 마련이다.

추억만으로도 충분히 아름답다

　과거를 추억하다 보면 엊그제 같던 날들이 있어요. 세월의 야속함을 온 마음으로 느끼면서 지난날들을 그리워하죠. 함께 걸어온 사람들을 생각하다 보면, 길었던 밤은 어느덧 사라지고 없어요. 밤의 그림자가 아침보다 몇 걸음 앞서 있을 그런 날 추억해요. 그리움은 이방인에게 찾아오는 야속한 동경이에요. 어제라는 선명한 길을 걷다 보니 까마득해지는 내일, 그렇게 젊음의 한복판에서 젊음을 그리워하는 우리예요. 추억은 항상 그곳에 있으니 애써 찾아가지 말아요. 아프면 아픈 대로, 빛나면 빛나는 대로 남겨두어요.

용기

화해하는 것을 두려워하지 않으면
다투는 것도 두려워하지 않는다.

용서받는 것이 어렵다는 것을 알기에
용서할 때도 용기를 낸 사람을 위해 기꺼이 다가간다.

다투고 화해하고, 때론 용서를 구하고 받을 수 있다면
우리가 그만큼 용기 있는 사람이라는 뜻이 아닐까.

그때의 너를, 아니 그때의 나를

변한 네 모습에 모진 말을 쏟아내고 돌아섰는데
분명 너를 잊었다고 생각했는데
왜 아직도 너를 떠올리는 걸까.

사랑했던 그때로 돌아가고 싶지는 않지만
너를 사랑하고 행복했던 그때의 내가 그리워
나는 아직도 그때를 잊지 못하나 보다.

그때의 네가, 아니 그때의 내가 그리워서
그래서 그런가 보다.

그래서 우리는 물결을 거슬러 노를 젓는다.

끊임없이 과거로 휩쓸려 되돌아가면서.

F. 스콧 피츠제럴드

위대한 개츠비

다시 일어날 수 있었던 이유

 그땐 그 사람이 전부라고 생각했다. 관계가 끝나고 이제 모든 게 끝이라 생각하니 조금은 괜찮아졌다. 혼자 걷고, 보고, 먹는 빈자리가 크게 느껴져서 아주 오랫동안 슬픔에서 벗어나지 못했다. 하지만 알게 됐다. 그는 한번도 나의 것이 아니었음을. 처음부터 누구의 것도 아니었다는 걸 받아들이고 나서 일어설 수 있었다. 그리고 더는 울지 않았다.

안 되는 사랑

너와 나는 비껴갈 수밖에 없다.
옛 감정에 묶여 추억을 좀먹고 살 테니까.

함께할 날보다 지나온 날들만 바라볼 테니까.
계속 얽힌다면 가장 해로운 병이 되어 서로를 병들게 하겠지.

그때의 너를 가장 사랑했어.
우리 다시는 사랑하지 말자.

다짐

 너를 떠올리면 먹구름 사이로 한 줄기 빛이 들어오는 거 같았다. 사랑이었다. 너에게 받은 상처마저도. 그럼에도 나를 버리면서까지 사랑하지 않기로 했다. 너를 아주 좋아하지만, 가장 사랑받고 행복해야 할 사람은 나 자신이니까. 아프고 힘들겠지만, 더는 같은 실수를 반복하지 않기로 한다.

그때 그 여름

내가 아직도 그 여름을 잊지 못하는 이유는
가장 뜨거웠던 나를 품고 있기 때문이다
흘린 눈물을 비로 대신 감춰주던 계절이어서
나는 여전히 그 여름을 지나치지 못한다

지난 여름, 너의 눈동자 깊은 곳에 흐르던
그 깊은 강물에서 자란 어떤 향기가
지금까지도 나를 붙잡아 둔다

그해 여름엔 유독 비가 많이 내렸다.

세상에 좋은 이별은 없다

세상에 좋은 이별이 있을까. 적어도 나는 없다고 믿는다. 그건 포장된 이별의 다른 이름일 뿐이다. 당신을 사랑해서 좋았고, 잘 지내라면서 떠난다니 모순이다. 아픔을 유예할 수는 있지만 언젠가는 받아들여야 한다. 상대가 없는 일상도 일상다워야 한다. 이별이 힘든 건 이미 끝나버린 관계에 남은 미련 때문이다. 전적으로 잘못한 사람이 있을지도 모르지만, 내가 나를 더 힘들게 만든다. 힘든 일도 결국 다 지나가기 마련이다. 그러니 현실을 받아들이고 그만 일어날 때다. 어차피 시간은 흐른다.

두 얼굴

나를 잘 모르는 사람들은
내가 차분하고 섬세하다며,
철이 들어 어른스럽다고 말한다.

하지만 사실 나는,
누군가를 잊지 못해
아직 그 시절에 머물러 있는
철없는 소년일지도 모르겠다.

나의 작은 미련에게

내가 가진 작고 선량한 미련아
부디 이런 나를 나쁘게 바라보지 말아주기를

그때의 추억으로 묻어두는 용기 대신
다시 부딪힐 용기를 내어주기를 바라

나는 이제 비를 맞고 서 있어도
괜찮은 사람이 되었으니까

계절 냄새

 이맘때쯤이었겠다. 계절이 바뀐 뒤 찾아오는 냄새가 좋았지. 그리워하지는 않았는데, 이젠 이날만을 기다리게 됐어. 당신을 품었던 날이 이런 날이었나 보다. 코에 익어 당신이라 여기고 그리워하고 있네. 내 품에 있던 당신도 이 냄새를 기억하겠지. 이 계절을 당신이 아닌 여름이라 부르기 위해 앞으로 몇 번의 계절이 바뀌어야 할까.

그리움

추억의 어느 한 틈으로 빠져나온 네가 그리워졌어. 오는 걸음이 너무 길더라. 고작 한 번을 닿겠다고 시작했던 걸음인데. 닿을 수만 있다면 얼마든 좋으니 기다리겠다 다짐하네. 몇 번의 계절이 지났을까. 해가 유독 짧은 이 계절은 겨울이겠지. 어둠이 길어져 뜬눈으로 밤을 지새우기 벅찬 것 같아. 그렇게 지나온 계절만큼 나에게 머물러 주기를. 네게 이 말을 하고 싶어서 수많은 날을 기다렸어.

당신이라는 사랑은

세상에서 감히 사랑한다고 말할 수 있는 사람 있어서
우산 없이 비를 맞아도 괜찮은 여름이었습니다.

내가 가장 나다울 수 있었던
정말 행복한 시간이었습니다.
부디 당신도 행복했기를.

당신 만나서 남김없이 행복했습니다.

Scene 3

우리는 언제나 사랑을 하고

당신이 사랑을 묻는다면

이제라도 당신이 나에게 사랑을 묻는다면
바람 없이도 씨를 날리고
햇살 없이도 자라나고
물 없이도 숨을 쉴 수 있던
그런 사랑이라고 말하고 싶어요.

있는 그대로 사랑하기를

겨울에 내리는 눈을 좋아하지만 시린 추위는 싫다. 하지만 어차피 추운 계절이라는 사실을 받아들이면 겨울이 와도 있는 그대로 즐길 수 있다. 사랑도 마찬가지다. 함께하는 순간은 좋지만 상대에게 무언가 걸리는 부분이 생겼을 때, 그것 역시 사랑의 일부라고 생각하면 된다. 꽁꽁 싸매고 안아주면 그만이다.

안개 위 도로

누군가를 좋아한다는 건
안개 낀 도로 위를 달리는 것과 같아
진심을 다해 달려도
앞이 잘 보이지 않으니까

한 치 앞을 모르면서도
마음껏 좋아하고
또 마음껏 아파하는 것

어쩌면 우리
그런 길을 한 번쯤 지나야 하는지도 몰라

말보다 마음을 들어주는 사람

이제껏 말이 없는 건 기분이 좋지 않은 거로 생각했어요. 말 없는 사랑을 느낄 수 없었어요. 그런데 지금은 눈빛만 봐도 그 마음을 온전히 느끼는 것 같아요. 당신은 말보다 마음을 들어주는 사람이라서. 그래서 나는 당신과 있는 게 편안해요. 말하지 않아도 마음이 통하는 게 얼마나 좋은지 아나요. 나의 마음을 들으려 노력해 줘서 고마워요.

무엇보다 소중하다

부디 이것만큼은 알아줬으면 좋겠어요. 지금 건네는 위로의 말들이 내 진심을 천분의 일도 담지 못한다는 것을. 당신에게 해줄 수 있는 게 이런 말뿐이라는 것을. 그치만 이런 말들이라도 작은 힘이 되기를, 당신이 더 행복하기를 바라며 이렇게 글을 씁니다. 당신에게는 당신을 아끼는 소중한 사람들이 많다고. 그러니 힘내라고 말해주고 싶어요. 당신은 그 무엇보다 소중하다고.

오늘도 행복하지 않다는 당신에게

사람은 누구나 행복하기를 원한다. 행복한 사람이 되는 방법은 생각보다 간단하다. 어쩌면 반복되는 일상에서 주어지는 행복을 당연하게 여겨온 건 아닐까. 주말의 따스한 햇살, 좋아하는 노래를 들으며 마시는 커피 한 잔, 뺨을 스치는 산뜻한 바람, 시선이 닿는 곳에 좋아하는 게 많아진다면 어떨까. 작은 것에도 감사하는 마음이 중요하다. 오늘도 맛있는 저녁을 먹을 수 있다는 것, 사랑하는 사람과 하루를 보낼 수 있다는 것, 내가 건강하게 살아있다고, 행복의 기준치를 조금 더 낮추는 것이다. 당연하다고 생각했던 일상이 우리를 행복한 사람으로 만든다.

충분히 잘하고 있다

'잘 지내?'라는 안부에는 언제나 '잘'이라는 말이 담긴다. 작은 단어 하나가 주는 힘은 강하다. 우리는 남들보다 더 잘나 보이려고 애썼고, 때론 따라 하느라 상처를 주고받기도 한다. 누군가는 내 걸음보다 더 빨리 나아갈 수도 있지만, 모두에게 맞는 속도는 제각각이다. 사실 똑같이 노력해도 누군가는 더 빠르게 빛나는 것처럼 보일 수 있다. 자기를 올바로 바라보고 인정하는 태도가 우리의 마음을 단단하게 지켜 준다. 내가 나를 객관적으로 바라볼 때, 비로소 나다운 길을 걸을 수 있다. 그러니 잊지 말자. 당신은 지금도 충분히 잘하고 있다.

어떤 사람이 동료들과 발맞추어 걷지 않는다면,
아마도 그가 다른 북소리를 듣고 있기 때문일 것입니다.
그의 귀에 들리는 그 음악에 맞춰 걸어가도록 두십시오.
그 장단이 아무리 어색하거나 멀리서 들리더라도 말입니다.

헨리 데이비드 소로우

월든

당신과 내가 어디에 있든

내가 모르는 어딘가 그곳에서
밝게 빛나는 당신으로 인해 세상은
다시 한번 빛나는 세상이 되고

당신이 모르는 어딘가 그곳에서
반짝이는 나로 인해 세상은
다시 한번 아름답게 비추인다.

밤하늘에 떠 있는 수많은 별들 중
태양만큼 눈부시게 아름다운 세상에서
우리는 서로를 발견하는 존재다.

서툰 사랑은 없다

우리는 아직 서툴고 부족하지만, 실수 많은 그 사람을 향한 마음은 결코 어설프지 않아요. 누군가를 그렇게까지 좋아한 건 처음이라 낯설었을 뿐, 그 감정 자체가 서툴렀던 건 아니에요. 사랑하는 사람을 놓쳤다면 당신이 부족해서가 아니라 그를 그 자체로 받아들이지 못한 거예요. 진심 어린 수용만이 사랑을 단단하게 지탱할 수 있어요. 세상에 서툰 사람은 있어도 서툰 사랑은 없습니다.

다시 쓰는 결말

'우리'라는 말로 모든 걸 함께 하고
때론 돌아설 때도 있겠지만
결국은 서로를 완전하게 하는 것이 사랑의 힘
순간은 일상이 되고 이내 평생이 되어
서로의 손을 맞잡은 채 내내 행복하기를

안아주기를

 사랑하는 사이에서 '사랑한다'는 말은 자주 쓰인다. 누군가는 쉽게 내뱉고, 또 누군가는 망설인다. 표현이 적다고 해서 사랑도 적은 건 아니다. 진정성 어린 태도만으로도 관계는 쉽게 흔들리지 않는다. 사랑은 하나의 영혼으로 살아가는 일이다. 그렇기에 표현의 정도가 관계의 전부는 아니다. 처음부터 잘하는 사람은 없으며, 우리는 각자의 방식대로 사랑을 배우는 중이다.

"그는 나 자신보다 더 나와 닮아 있어요.
우리 영혼이 무엇으로 이루어져 있든,
그의 것과 나의 것은 똑같아요."

에밀 브론테

폭풍의 언덕

소중한 사람들

많은 관계를 맺고 끊으면서도, 정작 가까이 있는 사람들에게는 소홀했다. 늘 곁에 있을 거라고 당연하게 여겼을지도 모른다. 하나둘 떠나가는 모습을 보고 나서야 깨달았다. 사람은 상처를 받고 혼자라 느낄 때, 비로소 곁에 있는 이들의 소중함을 더 깊이 알게 된다. 아픔 가득했던 시간들은 지금의 나를 지탱해 주는 거름이 되었고, 과거를 돌아볼수록 지금의 순간이 더 귀하게 느껴졌다. 언제나 묵묵히 응원하고 위로해 주는 사람들 덕분에 오늘 이 글을 쓰고 있다고 믿는다. 그들이 곁에 있다는 사실 자체가 가장 큰 위로다.

다 잘될 것이다

 어릴 적 일기장을 펼쳐 보면, 기억조차 나지 않는 날들이 있다. 지금 애써 걱정하는 일들도 언젠가 그렇게 희미해질 것이다. 조금 앞선다고 완벽해지는 것도 아니고, 조금 뒤처진다고 부족해지는 것도 아니다. 우리의 삶은 생각하는 대로 이루어질 것이다. 나는 당신이 걱정되지 않는다. 누구의 응원 없이도 충분히 잘 해낼 사람이니까.

아픔의 의미

오랫동안 이어진 아픔의 의미를 깨닫는 데 그리 많은 시간이 필요하지 않았다. 넘어지고 다치는 경험을 바탕으로 더 나은 선택을 하게 되었다. 지워지지 않는 아픔은 결국, 지금의 나를 길러 준 값진 경험이었다.

니체는 우리를 죽이지 않는 고통은 우리를 더 강하게 만든다고 말했다. 아픔 덕분에 누구나 가질 수 없는 소중한 깨달음을 얻고, 이전보다 빛나는 내가 되었다. 포기하고 멈추기엔 나를 지지하고 사랑해 주는 이들이 너무나 소중하다. 결국 아픔이라는 선물이 우리를 한층 더 단단하게 만든다.

다시 피어날 당신에게

 그대 마음을 무겁게 하는 걱정들은, 시간이 흐르면 의외로 희미해질 거예요. 내 마음이 편안했다면 괜찮고, 불편했다면 같은 실수를 되풀이하지 않으면 돼요. 밤새 술을 마시거나, 마음 가는 대로 사랑하고 부딪혀 보는 순간이 있더라도, 결국 무언가를 깨닫는다면 그걸로 충분해요. 남이 아닌 내가 원하는 길을 택하고, 하고 싶은 걸 하면서 행복을 느낀다면 그 자체로 온전한 삶이라고 믿어요.

 언젠가 무뎌질 일들을 붙잡고 오래 아파하지 않아도 괜찮아요. 시간이 지나면 웃어넘길 추억이 될지 몰라요. 어쩌다 지치고 힘들어 주저앉는 날이 오더라도, 무너졌다고 해서 모든 게 끝나는 건 아니에요. 해가 뜨고 지는 게 당연하듯 항상 밝게 빛나지 않아도 돼요. 우리는 스스로를 다스릴 줄 아는 강한 사람이니까요. 진심 어린 응원을 전해요. 무엇을 하든 잘 될 거라고 생각해요. 이유는 단순해요. 당신이기 때문이에요.

모양이 조금 다른 사람

 내가 시간을 낭비하고 있는 건 아닌지 무언가에 쫓기듯 조급할 필요 없다. 누군가가 나에게 다가올 때 상대가 다가온 만큼 똑같이 발을 맞출 필요도 없다. 메를로 퐁티에 따르면, 각 인간은 고유한 지각 경험 안에서 각기 다른 색을 띠는 존재다. 먼저 손짓하고 두드리지 않는다고 해서 다가가기 어려운 사람도 아니고, 상대방보다 조금 덜 친절하다고 해서 무례한 사람도 아니다. 당신의 차분하고 조용한 마음은 누군가의 편안한 쉼터가 될 것이며, 당신의 신중하고 이성적인 마음은 더 나은 결과를 가져올 것이다. 당신은 틀리지 않았다. 그저 모양이 조금 다를 뿐이다.

왜인지 모르게 당신과

"볼수록 섬세한 사람 같아요. 나는 당신이 솔직해서 좋아요."

항상 이런 말들이 좋았어요.
풀린 신발 끈을 천천히 다시 묶는 느낌이에요.

나도 몰랐던 나의 모습들을 비춰 주고
내일이 기다려지는 하루를 선물한 당신이
왜인지 모르게 신경 쓰여요.

한 걸음 다가가 보고 때론
한 걸음 물러나 보는데도
어쩐지 계산이 안 돼요.

모래밭에 빠진 기분이에요.

당신이 원하는 만큼

딱 그만큼만 걸을 수 있을까요.

고양이 같은 사람

고양이가 눈을 느리게 감았다 뜨는 건 애정과 신뢰의 표현이라고 해요. 그런 고양이가 참 낭만적이라고 생각해요. 앞으로 눈을 조금 더 느리게 감았다 뜨려고 해요. 당신만 아는 사랑 고백쯤으로 알아줬으면 좋겠어요.

빈자리를 채워줄 사람

오랫동안 알고 지내온 소중한 친구와 오랜 안부를 묻는 소원한 관계가 됐을 때도, 행복한 미래를 약속했던 사랑과 안부조차 물을 수 없는 사이가 됐을 때도, 흐르는 눈물을 닦아 줄 위로와 공허한 마음을 채워 줄 사람. 나를 따뜻한 마음으로 채워 주는 사람이 나타났어요. 끝내 빈자리가 채워질 테니 그대 너무 오래 마음 쓰지 말아요.

꽃이 필 때

그대 어떤 날들을 보내고 있을까. 하루하루 널 잊고 살아갈 수 있다면 좋을 텐데. 꽃이 진 나무를 오래 바라보며 당신을 떠올리는 걸 보면, 여전히 지난 세월에 연연하며 하루를 보내는 것 같아. 아직도 내게 조금 더 머물러 달라며 붙잡는 손을 놓지 못하는 듯해. 조금 늦더라도 꼭 찾아갈게. 당신도 많은 곳을 둘러본 후에 예쁘게 피어나길 바라. 조금 늦더라도 기다릴 테니 내게 피어줄 거지. 꽃이 필 때 우리 행복하자.

역시나 그렇듯 행복해질 것이다

 날카롭게 선 시간이 언젠가 제 모양을 찾아 무뎌지듯, 내일을 기대하지 못하겠다고 단정지었던 순간에도 언젠가 큰 용기를 얻는 날이 찾아온다. 눈물 마를 날 없던 밤도 결국엔 지나가기 마련이다. 그러니 당신이 어디에 있든 결국 밝은 빛과 따뜻한 온기로 채워질 것이다. 세월이 지나면 기억조차 나지 않을 일들에 너무 마음 쓰지 않았으면. 역시나 그렇듯 행복해질 것이다.

시작

양손을 교차해 어깨 위에 살짝 올려 봐요.

특별한 건 아니지만
스스로를 토닥이며 위로하면 좋겠어요.

이제껏 그랬듯
멈추지 않고 나아가면 돼요.

Scene 4

일단 나부터 돌보는 습관

고슴도치 딜레마

 고슴도치 딜레마는 인간관계에서 친밀함을 원하면서도, 동시에 상처를 피하고자 일정 거리를 두고 싶어 하는 모순적인 심리 상태를 말한다. 가까워지고 싶지만 다가갈수록 아픈 가시에 찔릴까 봐 조심스러워하는 것이다. 이런 모순적인 심리는 사람을 쉽게 믿지 못하거나 혼자 있길 선호하는 태도로 드러난다.

 쇼펜하우어는 인간관계에서 적절한 거리를 지킬 줄 알아야 한다고 말했다. 상처받는 것이 두렵다면 당장은 일정 거리를 유지해도 좋다. 자신을 보호하려는 데서 비롯되는 마음이니 나쁜 게 아니다. 그래서 타인과 선을 긋고 거리를 두곤 하지만, 그렇다고 해서 남들에게 관심이 전혀 없는 건 아니다. 준비되면 알아서 다음 스텝으로 나아갈 것이다.

 사람은 필요에 의해 관계를 맺으면서도, 자신과 맞지 않으면 금세 찔리고 상처받는다. 결국 적당한 거리를 찾기 위해서는 서로에 대한 예의를 지키는 게 중요하다. 예의를 통한 적당한 친밀감은 위험 부담을 줄이고, 오히려 편안함을 준다. 혹시 누군가에게 특별히 상처받고 있다면, 억지로 곁에 두기보다 거리를 조절하는 게 어떨까.

매력적인 사람의 세 가지 특징

1) 말 한마디에도 호감이 간다

대화를 나눌 때 작은 일에도 불편함을 남기는 사람과 끝까지 기분 좋은 사람이 있다. 예를 들어 "버스 정류장까지 데려다 줄게"라는 호의를 예의상 거절하기보다, 제안을 기쁘게 받아들이면 좋다. "난 좋은데 네가 다시 돌아가기 불편할까 봐" 같은 대답은 상대방을 배려하면서도 흔쾌히 받아들이는 태도를 보여 준다.

2) 뚜렷한 주관을 가지고 있다

식당에서 메뉴를 정할 때 "아무거나 좋아요"보다는 "저는 이게 좋은데 어떠세요?"라고 답하는 게 편안하다. 주관을 드러내는 건 내 취향을 강요하는 것과 다르다. 오히려 명확한 주관을 지닌 사람이 사회적 매력도가 높다. 상대를 배려하는 것도 좋지만 나의 의사도 분명하게 드러내자.

3) 집착하지 않는다

누구나 사랑을 과하게 구애하는 것보다, 자연스러운 관심 속에서 편안함을 느낀다. 과도한 집착은 오히려 독이 될 수 있다. 취향이 지나치면 고집이 되고, 고집이 지나치면 강요가 된다. 자신과 타인 사이에 적절한 거리를 유지할 줄 아는 것이 곧 평정심을 지키는 길이다.

"네 생각을 함부로 입 밖에 내지 말고,

치우친 마음을 곧바로 행동으로 옮기지도 말아라.

친근하되 결코 천박해지지 말고,

오래 지켜 본 친구들은 강철 고리로 네 영혼에 굳게 묶어라.

...

모든 사람의 비판을 귀담아듣되, 너의 판단은 아껴 두어라.

옷차림은 네 형편이 허락하는 한 가장 품위 있게,

지나치게 치장하거나 요란하지 않게 해라.

옷은 종종 그 사람을 대변해 주는 법이니까.

...

빌려 주지도 말고, 빌리지도 말아라.

빌려 주면 원금과 친구를 함께 잃기 쉽고,

빌리는 것은 검소함의 날을 무디게 하니까.

그리고 무엇보다 중요한 것은

네 자신에게 진실하라는 것이다.

그러하면 밤이 낮을 잇듯,

그 누구에게도 거짓되지 않을 것이다."

셰익스피어

햄릿

선택의 기로에 서 있는 당신에게

 미래는 예측할 수 없다. 무조건 옳은 결정을 찾으려 스트레스받기보다, 그 선택을 나답게 만들어 가는 게 중요하다. 하버드 심리학 교수 엘렌 레어는 "옳은 결정을 내리려고 스트레스받으며 시간을 낭비하지 말고, 선택 자체를 옳게 만들어라"고 말했다. 선택이 어려운 이유는 둘 중 하나를 포기해야 하기 때문이다. 하지만 어느 쪽을 골라도 장단점이 있으니, 지나친 걱정은 에너지만 소진시킨다. 당신이 가지 않은 선택의 길이 더 나을 거라는 보장이 없다. 선택으로 잃은 것을 생각하기보다 얻은 것을 생각하는 게 도움이 된다.

어떤 인간관계는 말없이 정리된다

요즘 들어 말없이 정리되는 관계가 늘어난다. 나와 맞지 않는 사람들과는 굳이 가까워지지 않으려 해서이기도 하다.

무례한 사람에게 직접적으로 화를 내거나, "이렇게 대해 달라"고 말할 수도 있겠지만 어떤 관계에서는 그럴 힘조차 남아 있지 않다. 게다가 나를 가볍게 대하던 사람이 다른 누군가에게는 진심으로 대하는 걸 보기도 어렵다. 이제 사람과 사람 사이를 억지로 바꾸려 하기보다는 자연스러운 거리가 더 편안하게 느껴진다. 마치 계절이 흘러가듯, 사람도 때로 스쳐 지나갈 수 있고 이어질 사람이라면 다시 돌아올 거라는 믿음이 있다.

좋은 사람들과 함께하고 싶다면 내가 좋은 사람이어야 한다. 아직은 서툴지만 좋은 사람들을 곁에 두기 위해서도 나부터 좋은 사람이 되려 한다.

사람 보는 눈을 키우는 방법

사람 보는 눈이 없다는 말을 자주 들었다면, 생각보다 간단한 두 가지 방법이 있다.

첫 번째는 가능한 많은 사람을 직접 만나 보는 것이다. 여러 환경에서 자란 이들을 겪으며, 어느 순간 "이 사람은 괜찮다"라고 느끼는 기준이 생기기 때문이다. 책이나 영화로 간접 체험을 하는 것도 좋지만, 실제로 부딪쳐 얻은 경험이 사람을 보는 감각을 크게 길러 준다.

두 번째는 내 사회적·정서적 역량을 키우는 일이다. 노력 없이 얻을 수 있는 건 없다는 말처럼, 자신을 성장시키면 그에 걸맞은 사람들을 만나게 될 가능성이 높아진다. 20대에만 할 수 있는 경험들은 의외로 많으니, 길을 설계하고 목표를 향해 가는 동안 다양한 사람들을 만나 보자.

경험이 많아질수록 인간관계를 보는 안목이 넓어지기 마련이다. 누구를 만나고, 어떤 경험을 쌓느냐가 결국 사람

보는 눈을 키우는 가장 확실한 길이다.

내향적인 사람

 내향적인 사람들은 낯선 분위기를 어려워하고, 말이 적어 차갑다는 이야기를 듣곤 한다. 주변에서 첫인상만 보고 오해할 수 있다. 그러나 그들이 마음의 문을 열고 환하게 웃는 모습을 보면, 어떤 오해가 있었다는 사실을 알게 된다. 대학 시절에도 무표정한 모습 때문에 쉽게 다가가기 어려운 사람이 있었지만, 우연한 기회에 대화해 보니 전혀 다른 사람이었다. 가벼운 장난에도 환한 미소를 짓는 걸 보고 놀랐던 기억이 있다.

 내향성은 본능적 에너지가 내면으로 흐르는 것이다. 그렇기에 내향적인 사람들은 자신이 편안하다고 느끼는 환경에서 훨씬 자연스럽게 대화하고 웃을 수 있다는 걸 깨달았다. 사람은 인간관계에서 가장 많은 걸 얻고 잃는다. 내향적인 성향이라도, 분위기를 부드럽게 바꾸는 '아이스브레이킹'을 가볍게 연습해 보면 어떨까. 분위기만 바뀌어도 이미지가 180° 달라진다.

맺고 끊는다는 것

 나는 관계를 맺고 끊는 데 확실하지 못해서, 자주 상처를 주고받곤 했다. 아닌 줄 알면서도 미련 때문에 놓지 못했고, 상처받을 걸 알면서도 끝까지 잡았다. 돌이켜 보면 자기 자신도 제대로 모르는데 누군가를 제대로 이해할 수 있을 리 없다. 스스로를 정확히 알고 있어야 다른 사람을 제대로 파악하고, 적절한 거리도 유지할 수 있다.

 나에 대한 확신이 없으면 결국 타인에게 휘둘리고 상처만 남게 된다. 자기 자신을 충분히 사랑하고 존중할 수 있다면, 더는 관계에서 이용당하거나 흔들리지 않고 맺고 끊음을 명확히 할 수 있다. 상대방이 나를 어떻게 생각하는지보다 중요한 건 내가 나를 얼마나 잘 알고 있느냐다.

 옳고 그름을 떠나, 나에게 해로운 관계라면 단호히 끊어낼 줄 알아야 한다. 물론 사람과의 관계를 끝내는 건 쉽지 않다. 하지만 관계를 유지하는 게 나를 계속 아프게 한다면, 이제라도 용기를 내어 분명한 선을 그어야 한다. 결국 관계에서 가장 중요한 건 나 자신을 지키고 존중하는 일이다.

자존감은 나를 비추는 거울이다

살다 보면 자신도 모르게 타인에게 상처를 주기도 한다. 나쁜 마음이 아니었어도, 부족한 자존감 탓에 공격적으로 대할 수 있다. 자기방어의 수단으로 남을 비난하거나, 남들의 가치를 깎아내림으로써 우월감을 느끼려는 심리가 생기기도 한다.

A: 이번에 새로 산 옷인데 어때?
B: 그렇게 예쁜 것 같지는 않은데? 얼마야?

A: 그래? 15만 원 주고 샀어.
B: 이런 옷을 그렇게 비싸게 주고 샀어? 돈 아까워.

A: 나는 나름 예쁘다고 생각했는데.
B: 그 돈이면 싼 옷 여러 벌 사겠다. 내가 좋은 곳 알려

줄까? 전에 내가 샀던 예쁜 옷 여기서 산 거야.

 자존감이 낮은 B는 A의 자존감을 깎아내림과 동시에 자신의 결핍된 자존감을 충족시킨다.

 그렇다면 자존감이 높은 사람은 어떨까. 이들은 외부의 평가에 쉽게 흔들리지 않고, 진심으로 "네가 좋다면 괜찮지 않아?"라고 말해 줄 수 있다. 에리히 프롬은 자신을 사랑할 줄 아는 사람이 타인을 사랑할 수 있다고 말했다. 내 자존감이 나를 비추는 거울이 된다면, 결국 내가 나를 사랑하는 법을 배울 때 더 단단해질 수 있다.

소중함에 대해

 우리 삶은 새옹지마다. 좋아 보이는 일이 항상 좋은 것만은 아니고, 나빠 보이는 일이 늘 나쁜 것만은 아니다. 누군가에게 상처를 받았기에 비슷한 사람을 피하게 되고, 그럴수록 곁에 있는 사람들의 소중함을 더 깊이 느끼게 된다. 그런 경험들이 모여 지금의 내가 만들어졌다. 비 온 뒤에 땅이 굳어진다는 말처럼 내 삶에 내리던 비는 결국 지금의 내가 되기 위한 거름이 되었고, 성장을 향해 가는 발로가 되었다.

이루는 과정은 언제나 외롭다

 무엇인가를 이루기 위해 노력할 때면 항상 외로움이 따라온다. 외로움과 공허함을 견디지 못할 때 사람은 무너진다. 남들이 먹고, 놀고, 쉬고 있을 때 홀로 견디며 묵묵히 나아가는 일이 쉬울까. 원하는 것을 얻기 위한 과정은 결코 편안하지 않으며, 그 끝에는 늘 견뎌낸 사람만이 얻을 수 있는 자격이 주어진다.

 간절히 이루고 싶은 것이 있다면 주변을 정리하는 결단도 필요하다. 힘들고 지쳐 포기하고 싶을 때도 있을 것이다. 내가 버틸 수 있었던 이유도 결국 혼자만의 시간 덕분이었다. 지칠 때마다 조용히 눈을 감고 머릿속으로 '버티는 거 말고 지금은 할 수 있는 게 없다'고 스스로에게 덤덤히 말해주곤 했다.

 당장 통제할 수 없는 것들을 삶에서 툭툭 떼어내다 보면 온전해진다. 당신이 이루고 싶은 목표에 비하면 지금의 외로움은 아주 작은 시간일 것이다.

속마음을 전부 내보이지 않기를

상대에게 자신의 모든 걸 털어놓는 사람들이 있다. 아직 친분이 깊지 않은 사람에게 과거의 힘든 일을 모조리 얘기하면, 상대는 당연히 무의식중에 부담을 느낄 수 있다. 아직 유대가 쌓이기 전이라면 시간이 조금 더 흐른 뒤, 자연스럽게 터놓게 되는 때가 올 때까지 기다려 보면 어떨까. 인간은 과거에 머무르기보다, 미래의 가능성을 함께 이야기할 때 유대감이 커진다고 한다. 너무 성급하게 모든 걸 드러내기보다, 조금씩 나를 보여 주는 편이 오히려 신뢰를 깊게 만든다.

주제넘은 잣대

 학생 때 하고 싶은 일을 고민하다 보니 자연스레 공부를 멀리했다. 오히려 꿈은 없지만 무작정 공부한다는 친구들이 이해되지 않았다. 그래서 '대학이 인생의 전부는 아니니까'라고 스스로를 합리화했다. 물론 틀린 말은 아니지만 열심히 공부하던 친구를 함부로 판단해서는 안 됐다. 무언가를 위해 힘쓰는 사람을, 주관적인 기준으로 "쓸데없는 짓"이라고 단정 짓는 건 오만함이다.

 그래서 공부보다 축구에 열정적인 동생을 응원했다. 남들이 뭐라고 하든 그가 쏟은 노력과 땀을 부정할 수 없다. 우리는 겉치레로 사람을 판단하곤 한다. 삶에도 어떤 공식 같은 게 있다고 믿어버린다. 공부를 열심히 안 한다고 실패하는 것도 아니고, 좋은 대학을 간다고 성공하는 것도 아닌데 말이다.

 내가 무엇을 하고자 다짐하고 그것을 실행하고 있다면

누구의 목소리도 신경 쓰지 말자. 당신을 위하는 조언과 쓸데없는 오지랖은 다르다. 열심히 노력한 만큼 행복에 가까워질 것이다.

어쩌다 알게 된 우리

어쩌다 친해진 사람과 함께 여행하고, 술 한잔 하면서 장난도 치고, 고민을 나누는 모든 순간이 때론 낯설기도 설레기도 하다.

내가 왜 이러지, 싶다가도

서로 웃고 또 웃고, 가끔은 멀어지고, 끙끙 앓기도 하고, 다투기도 하며 그렇게 살아가는 게 행복이 아닌지.

멀리해야 하는 사람

 수많은 관계 중 어떤 사람을 멀리해야 할까? 누구보다 내가 나를 아끼고 사랑하는 걸 방해하는 사람이다. 무언가를 도전하려 애쓰는데 기를 죽이고, 힘들게만 한다면 마음에 먹구름이 낄 수밖에 없다. 결국 나를 돌보는 데 방해되는 사람이라면, 조용히 물러서는 것도 나를 지키는 현명한 방법이다. 내가 나를 사랑할 때 가장 중요한 건 다른 누구도 아닌 나 자신이다.

살면서 후회하는 일

살면서 가장 많이 후회하는 순간은 나를 1순위에 두지 않고 누군가에게 집착했을 때, 나를 배려하지 않는 상대에게 잘 보이려고 애를 썼을 때다. 소중한 이를 곁에 두고도 당연시했던 일, 그럴 만한 가치가 없는 사람에게 나의 감정과 시간을 낭비한 것. 어쩌면 다 겪어 봐야 비로소 후회할 수도 있다. 건강한 애착은 먼저 자기 자신을 돌보는 데서 시작된다. 더는 같은 실수를 반복하지 않기로 하자.

남을 부러워 말고 스스로 부러움을 사는 사람

 남을 부러워하는 순간 내가 한없이 작아진다. 내게 없는 걸 찾아 자책하고, 질투가 생길 수도 있다. 하지만 스스로를 사랑하면서 자신의 가치를 키울 때, 타인도 나를 긍정적으로 바라볼 가능성이 커진다. 자존이 충만한 사람은 타인을 질투하기보다 자기 안에 있는것으로 성장한다. 결국 남들 기준이 아니라, 나만의 기준으로 살아갈 때 부러움은 자연스럽게 따라온다.

울어도 된다

 마지막으로 울어본 게 언제였는지. 어른이 되면서 눈물이 줄었다는 이야기를 자주 한다. 울 일이 없어서가 아니다. 울지 않는 게 강한 거라고 여겼기 때문일지도 모른다. 눈물을 참는다고 강한 게 아니다. 진짜로 강한 사람은 슬픔을 마주하고 그것을 껴안는 사람이다. 울고 싶을 땐 울어도 된다. 그 눈물로 더욱 단단한 어른이 될 것이다.

외로움을 타인으로 달래지 말 것

 외로움은 누구에게나 있다. 외로움을 달래려고 일부러 사람들을 만나거나 기분 전환을 시도하는 경우도 많다. 회피하려는 성향 때문이다. 모든 회피형이 그런 건 아니지만 주로 자신도 모르게 감정을 외면하다가 더는 피할 수 없게 되어 당황스러워한다. 이런 회피형 태도는 순간을 모면하게 해 주지만, 근본적인 해결책이 아니다.

 연애에서도 외로울 때 찾아온 설렘을 "진짜 사랑"으로 착각할 수 있다. 그렇게 시작된 사랑에서 상대방이 당신의 행동에 상처받거나, 감정이 상해 이야기를 꺼내면 또 다른 문제가 생긴다. 당시에 느끼는 감정이 불편하여 무작정 피해버리곤 하는데, 매우 이기적인 태도이다.

 외로움이라는 감정을 조심해야 한다. 상대를 밀어내라는 게 아니라 외로움의 이유를 찾아 보고, 어떻게 해소할지 고민하는 습관이 필요하다. 외로움은 우리를 성찰의 길로 이끌 수 있다. 그 성찰을 통해 얻는 깨달음이 우리 삶을 바꿀 것이다. 외롭다는 이유로 자신의 행동을 정당화하지는 말자. 순간의 외로움을 견디지 못하면 앞으로도 계속 외로워질 것이다.

누구나 똑같은 사람이다

 사람은 누구나 동등하다. 직업이나 형편이 어떻든 동일한 인격체로 존중해야 한다. 고깃집에서 아르바이트를 할 때 겪은 일이다. 가게에 자주 찾아오는 건물주의 테이블에 부족한 게 있는지 계속 살펴보며 잘 보이라는 사장님의 말이 있었지만, 다른 손님들과 똑같이 대했다. 한 테이블에서 고기를 받은 손님이 말했다. "비계가 너무 많은데 가능하다면 바꿔 주실 수 있나요?" 전혀 무리한 부탁도, 무례한 태도도 아니었다. 그러나 사장님은 손님을 한번 훑어보고는 '별 거지 같은게'라는 반응을 보였다.

 사람 대 사람으로 대하는 법은 배웠어도, 사람을 직위나 차림에 맞게 대하는 법은 배우지 못했다. 이 가게에서 더 이상 배울 것이 없다는 확신을 얻은 나는 일을 그만두겠다 통보했다. '배울 점이 있는 사람 밑에서 일을 배우겠습니다.' 문자를 보낸 뒤 더 이상 가게로 나가지 않았다. 사장님의 오만함으로 주변 동료들도 그를 멀리했다. 주방에서 일할 사람도 구하지 못했고, 구하더라도 보름을 넘기지 못했다. 결국 홀에서 일하던 직원이 주방 일까지 대신할 수밖에 없었다. 섣부른 판단은 결국 자신에게 되돌아온다.

남이 원하는 내가 아닌, 내가 원하는 나

 내가 나답게 행동했을 뿐인데 누군가는 사회성이 부족하다고 말하고, 또 누군가는 배려심 넘치는 사람이라 칭찬할 수도 있다. 나를 안 좋게 보는 사람들의 시선에 맞춰 나를 바꾸려고 했었다. 그러나 아무리 노력해도 사람들의 생각과 반응은 통제할 수 없기 때문에, 시선에 맞춰 자신을 바꾸려 들면 끝없이 지칠 뿐이다. 모두에게 좋은 사람이 되려 애쓰면 자기다움을 잃게 된다. 결국 나답게 살아갈 때 비로소 누군가에게는 없어서는 안 될 존재가 된다.

내가 나를 챙기는 습관

습관은 하루아침에 생기거나 사라지지 않는다. 누구에게나 똑같이 주어진 시간을 아끼고 싶어서, 나는 좋아하는 것들을 오직 나를 위한 시간으로 사용했다. 맛있는 걸 먹으며 영화를 보고, 음악을 들으며 글을 쓰다 보니 자연스레 목표가 생겼다. 작든 크든 그 목표를 이루면 성취감이 따라오고, 새로운 시도에도 망설임이 줄어들게 된다. 행동을 반복하는 습관이 결국 인격을 만든다. 작은 습관이 모여 내가 나를 돌보는 습관으로 이어지는 것, 그게 중요하다.

곁에 두어야 할 사람

 사람과의 관계에서 오랜 시간을 알고 지낸 것만이 중요한 건 아니다. 진짜 소중한 인연은 비슷한 속도로 함께 걸어가고, 내가 힘들 때 공감과 배려를 아끼지 않는 사람이다. 힘들 때 나와 같이 마음 아파해 주고, 행복할 때 진심으로 기뻐해 주는 사람 하나만 곁에 있다면, 이미 성공한 인생이라고 말한다. 당신이 이런 관계를 누리고 있다면, 그 자체가 큰 축복인 셈이다. 당신 곁에 좋은 인연들만 남았으면 좋겠다.

나의 가치는 남들이 아닌 내가 정하는 것

 자신의 가치는 타인이 아니라 스스로 정하고 만드는 것이다. 그러려면 내 가치를 낮추지 않고 당당하게 드러낼 줄 알아야 한다. 나는 대단하지 않다고 여길지라도, 내가 만든 성취를 제대로 인정하지 않으면 주변도 나를 제대로 평가해 주기 어렵다. 에픽테토스는 무엇보다 자기 자신을 낮게 평가하지 말라고 한다. 자기 자신을 제대로 사랑할 줄 알 때, 자존감이 탄탄해지고, 결국 남들도 그 빛을 알아보기 시작한다.

"무엇보다 먼저, 당신이 어떤 사람이 되고자 하는지 스스로에게 분명히 말하라.
그리고 나서, 그에 부합하도록 해야 할 일을 하라."

에픽테토스
엔키리디온

엄마라는 여자에게

 어릴 땐 엄했던 엄마가 마냥 미웠다. 예쁘다는 말, 잘한다는 말만 듣고 싶었다. 엄마가 나를 제외한 모든 사람에게 친절한 모습도 섭섭해했다. 가끔 엄마가 우는 걸 볼 때면 철이 없어 "왜 엄마가 울지?"라고 생각했다. 오히려 울고 싶은 건 나인데. 엄마도 엄마이기 전에 한 사람이었다는 걸 깨달은 건 훨씬 뒤의 일이다.

 왜 엄마는 엄마여야만 했을까. 놀고 꾸미기 좋아하던 스물한 살의 여자가 엄마라는 이유로 많은 걸 포기해야 했다. 엄마도 서툰 게 당연했는데, 그 마음을 헤아리진 못했다. 엄마라고 하고 싶은 게 없었을까, 닭 다리를 싫어서 양보했을까. 시간을 되돌릴 수는 없지만 지금이라도 말하고 싶다.

 표현에 서툴러 말은 못해도 너무 미안하고 사랑해요. 다른 사람이 아닌 당신의 뜻대로 살기를, 오직 당신을 위한 삶을 선택하시기를 바라요.

글을 쓰면서, 스스로를 돌아보는 뜻깊은 시간을 보냈어요. 아픔을 달래기 위한 글쓰기가 한 권의 책으로 이어졌다는 사실이 설레면서도 조금은 떨리는 듯합니다.

  이 과정을 통해 작은 변화가 생겼어요. 떠나갈 것들에 매달리기보다 스스로를 사랑하고 돌볼 줄 아는 사람이 되었다는 점이에요.

  사람 사이에는 다 때가 있다고 하죠. 더는 머물지 않을 인연을 놓아주는 연습도 필요한 것 같아요. 짧다면 짧고 길다면 긴 글을 읽어 주신 독자님들과의 만남이 인연이라 생각합니다.

  행복이 늘 멀게만 느껴졌지만, 사실은 곁에 있는 소중함을 당연시했던 제 오만함 때문이었던 듯합니다. 곁에 있는 것들을 더는 함부로 여기지 않는다면, 역시나 그렇듯 행복해질 거라 믿습니다.

책을 마칩니다

당신 없는 삶은 외롭다기보다

초판 1쇄 발행 2025년 5월 30일
저자 정민
펴낸이 김영근
책임편집 최승희
편집 한주희
디자인 김영근
펴낸곳 마음 연결
주소 경기도 수원시 팔달구 인계로 120 스마트타워 604
이메일 nousandmind@gmail.com
출판사 등록번호 251002021000003
ISBN 979-11-93471-51-7
값 15000